AF461159

PÉTITION

A MM. LES MEMBRES DE LA CHAMBRE DES DÉPUTÉS

SUR LE

PROJET DE LOI DE FINANCES DE 1845

(RECETTES ET DÉPENSES)

ET SUR L'IMPÔT EN GÉNÉRAL.

MESSIEURS,

Quand le projet de loi sur les patentes fut soumis à vos délibérations, je vous fis connaître mes appréhensions et les fâcheuses tendances qu'il traînait à sa suite ; je vous prouvai qu'il avait pour objet de transformer l'impôt de *répartition* en impôt de *quotité;* vous l'avez longuement examiné, discuté sur plusieurs points de détail, sans aborder le fond nulle part, et cependant, prévenus du système subversif qu'on voulait introduire dans les autres lois de finances, et malgré les dangers imminens que j'avais mis sous vos yeux, vous avez voté ce projet avec des amendemens qui étendent démesurément ses dispositions fiscales et politiques. Les contribuables eussent gagné en acceptant l'œuvre du gouvernement, quoiqu'elle leur offrît déjà un déplorable avenir... Ils avaient espéré en vous...

Ma tâche devait se continuer devant la chambre des pairs, puisque le projet adopté par vous avait besoin de son assentiment pour être converti en loi. J'ai indiqué à la noble chambre tous les points les plus compromettans; j'ai expliqué chacun des articles de l'œuvre du Palais-Bourbon, et je l'ai suppliée de repousser le projet; mais, averti par la pairie elle-même que cette loi d'impôt, ressortissant à la chambre élective, de cette chambre qui avait dû l'étudier avec fruit pour en distraire les inconvéniens au profit des avantages à en retirer, averti, dis-je, que cette loi serait purement et simplement acceptée, j'ai vu sans discussion se briser mes espérances et mes efforts.

Néanmoins, tout en respectant cette loi, je ne puis pas renoncer à m'attaquer à elle; j'en demande formellement le rapport. C'est une faible partie de la mission que je me suis de nouveau imposée auprès de vous. Quel qu'en puisse être le résultat, messieurs, je remplirai cette mission avec le zèle, le courage et le dévouement que m'inspirent tout à la fois l'honneur national, la prospérité publique et le sort des contribuables.

Aujourd'hui, messieurs, je viens vous entretenir du projet de loi de finances de 1845. Je vous apporte la preuve du prochain bouleversement de l'impôt, que je vous annonçais lors de la discussion sur les patentes. Je viens vous démontrer que, si la loi est admise, on aura, dans les deux circonstances, foulé aux pieds l'art. 2 de la charte constitutionnelle et les principes du cens en matière électorale. Je viens enfin vous exprimer combien je regrette votre première participation, et combien je redoute les effets de la seconde, car, dans ce cas comme dans l'autre, la violation de la charte et du droit électoral sera votre ouvrage, et cette violation aura pour conclusion formelle, manifeste, qu'après le vote de cette loi de finances de 1845, LA CHAMBRE DES DÉPUTÉS N'EXERCERA PLUS AUCUN CONTRÔLE ! En acceptant ses bases, vous n'aurez pas d'autre position dans l'avenir électoral et financier. Votre seule perspective, en pareille matière, sera la SPECTATIVE et l'ADDITION. Pour le bonheur des contribuables et pour la dignité de la France, je voudrais me tromper; mais, en présence de textes et de chiffres, il n'y a pas moyen de commettre une erreur. La vérité parle, vous l'entendrez; vous pourrez alors, en connaissance de cause, agir pour ou contre un système gouvernemental qui n'a d'entrailles que pour l'or des contribuables.

OBSERVATIONS GÉNÉRALES.

Les préliminaires de 1830 étaient fondés sur des manifestations et sur de nobles paroles. On attendait avec anxiété le jour de l'ère nouvelle, qui viendrait réaliser les vœux et combler toutes les espérances. Une imprudence gouvernementale amena le jour souhaité par le plus grand nombre, qui croyait apercevoir dans le système gouvernemental un gouvernement de l'étranger, de monopole, de faveurs et de centralisation. Un budget de 900,000,000 était énorme, effrayant sans doute; on voulait avoir meilleur marché des gouvernans.

Le drapeau *national* fut déployé, agité et promené triomphalement; on promit loyauté, justice à tous, égalité proportionnelle dans les charges publiques, liberté individuelle, libertés commerciales, liberté de la presse, représentation nationale, liberté de l'enseignement, réduction de l'impôt; enfin, tout ce qui semblait de nature à concourir à la prospérité générale et à la dignité du pays. Ces belles choses avaient ému jusqu'à l'enthousiasme. Il y a de cela bientôt quatorze ans! Je ne regarderai pas si loin derrière moi... D'ailleurs je ne veux m'occuper que des questions d'impôts. A cet égard, croyez-vous que les promesses aient été tenues? Je vais vous prouver que non.

Depuis un peu plus de treize ans une seule pensée, une pensée funeste a dominé le système qui naquit en 1830, c'était la progression continuelle et permanente de l'impôt. Cette pensée n'essaya pas même à se voiler du prestige de l'économie ni de l'invocation des besoins nationaux; elle ne s'inquiéta ni des misères du peuple ni des surnaturels efforts qu'il avait à faire pour acquitter les taxes dont on le chargeait. Aussi, puisa-t-on constamment dans l'énorme budget de la France cette épithète mensongère que la *prospérité est croissante* et qu'on fait retentir *partout et toujours*. Oui, pour le système et pour ses adhérens qui en prennent une large part, le budget des recettes et des dépenses a toujours été et est encore dans un état de *prospérité croissante;* mais pour les contribuables qui payent, mais pour le commerce et l'industrie qui ne sont pas florissans, mais pour la classe ouvrière qui manque du nécessaire, cette *prospérité croissante* n'a pas de charmes!

Les esprits sages et clairvoyans trouveront que l'état de la France est anormal et sans exemple dans le monde financier, car nul pays du globe ne leur présentera un budget aussi monstrueux. En effet, où apercevoir un gouvernement qui, dans l'espace de 1830 à 1845, ait coûté à sa nation l'énorme somme de 19,760,191,061 francs, non compris les crédits supplémentaires qu'on ose encore demander pour 1843, en attendant ceux qu'on sollicitera pour 1844 et 1845? Où sont les justifications de notre gouvernement pour légitimer ce chiffre exorbitant et ses supplications nouvelles? Dira-t-on qu'il eut, comme ses prédécesseurs, des charges de guerre, d'invasion ou d'indemnités à supporter? Le comparera-t-on aux deux derniers appelés la *Restauration*, qui eurent des dépenses relatives supérieures, et qui, cependant, coûtèrent environ 5,480,000,000 de moins? On ne tiendra pas ce langage, car on sait bien qu'il ne fit ni l'expédition de Morée, ni la campagne d'Espagne, ni la conquête d'Alger, et qu'il n'assista pas à la victoire de Navarin. On ne le mettra pas davantage en parallèle avec l'empire, car il ne vainquit jamais en Prusse, en Allemagne, à Austerlitz ; car il ne subit ni les désastres de Russie, ni ceux d'Espagne, ni la défection saxonne ; car il ne planta pas ses étendards en Egypte, en Italie, à Naples, en Pologne, à Turin, à Madrid, en Hollande, dans les provinces rhénanes; car enfin il ne creusa ni canaux ni égouts, etc...!

Mais je conçois très-bien, messieurs, que notre système soit au-dessus de tous les gouvernemens possible, si on lui tient compte de son effroi des gardes nationales, de ses reculades d'Ancône et de Saint-Jean d'Ulloa, de sa promenade à Anvers, du refus de concours de la Belgique et du Portugal, des intrigues suisse, espagnole et italienne ; de l'abandon des Français dans l'Amérique du Sud ; des 25,000,000 de francs versés aux Américains du Nord ; de la rente servie on ne sait pourquoi au roi Othon Ier ; de notre désertion de l'Orient ; de l'abandon de nos droits dans la Nouvelle-Zélande, à Madagascar, de nos intérêts à Portendic, de notre influence en Perse, en Turquie ; de notre insignifiante admission dans le concert pour le *droit de visite européen*, que nous subissons seuls et du désaveu de l'acte si national de l'amiral Dupetit-Thouars. Ajouterai-je à cette longue énumération de grands faits destructifs de nos libertés, non pas les nombreuses vexations que l'on prodigue à l'intérieur, non pas les humiliations dont on nous couvre partout à l'extérieur, non pas la violation manifeste et journalière de ce qui reste de notre constitution, mais cette expédition problématique envoyée en Chine et qui sera sans doute aussi lucrative et aussi fructueuse que celle de Perse, du royaume de Lahore, de cette commission scientifique de l'Algérie ? A quoi bon ! est-ce que cela importe à la gloire, à la grandeur et à la dignité de la France ?... Qu'avons-nous à y voir, si on n'a agi que dans le but de constater et de maintenir partout et toujours *l'entente cordiale*, ce fameux mot anglais ?

Sous l'empire de l'influence qui régit notre administration, messieurs, on répondra aux contribuables que toute incursion dans le domaine de la politique est un envahissement, une violation de territoire, et vous vous empresseriez peut-être d'ajouter : De quoi se mêlent-ils ? Je ne les exposerai pas à ce mécompte ; je prendrai seul la responsabilité de vous déclarer, sans équivoque et sans réticence, que, sous une charte qui abolit tout privilége, tout monopole et qui prescrit la RÉPARTITION DE L'IMPOT, il appartient aux contribuables (à eux qui payent les charges ordinaires, extraordinaires, supplémentaires et complémentaires qu'il plaît aux gouvernans de leur appliquer) de demander un compte sévère de l'emploi de fonds qui leur ont coûté tant de peines et tant de sueurs. En effet, n'est-ce pas par vous, par vos soins, par vos lumières, par votre sagesse qu'ils doivent procéder à cette vérification ? Pouvez-vous leur refuser d'exécuter le mandat qu'ils vous ont confié dans ce but? ne les suppléez-vous pas et pourriez-vous les placer dans la fâcheuse alternative de dire : Puisqu'on ne veut pas compter avec nous et que nos mandataires nous laissent à la discrétion de la fiscalité, nous attendrons, pour payer de nouveau, d'être parfaitement éclairés? ne sont-ils pas fondés à vous inviter à l'examen scrupuleux du budget qu'on vous présente, quand nos gouvernans les frappent avec une hardiesse égale à celle que leurs prédécesseurs déployaient lorsqu'il fallait protéger notre commerce, maintenir notre territoire, armer nos places fortes pour défendre nos frontières et faire respecter nos nationaux, notre marine, notre drapeau et la dignité de la France? ne sont-ils pas fondés à vous demander pourquoi, en temps de paix *partout et toujours*, vous accordez un budget de 1,500,000,000? Redoute-t-on une lutte en Chine, dans l'Inde, sur la Méditerranée ou sur l'Océan? Il n'y a nulle apparence de guerre; mais au moins qu'on dise aux contribuables pourquoi ils donnent tant d'argent!

Si nous ne devons craindre aucune attaque, pas même du côté de l'Algérie ou à son occasion, puisque la suzeraineté anglaise y est assise là par la présence d'un inspecteur, comme elle existe et s'exerce aux îles Marquises par l'action positive du missionnaire Pritchard, pourquoi maintenir nos finances sur un pied aussi onéreux? Puisque cette province turque sert de marché anglais, où tous les trafriquans de Londres, Manchester, Liverpool, etc., satisfont largement leur appétit mercantile, pourquoi dépenser notre or et sacrifier les enfans de la mère patrie à la triste comédie qui s'y joue depuis 1830? Si, redoutant de porter ombrage aux marchands de la cité, nous devons leur accorder protection et préséance, au détriment de nos propres intérêts, pourquoi ne pas leur laisser l'entretien de cette terre dont ils jouissent et profitent seuls? Si, à cela et à l'exploitation des marchés des autres parties du monde, il faut encore donner à l'Angleterre l'exploitation de nos marchés de l'intérieur, ne trouverez-vous pas juste, messieurs, de demander : 1° que les charges publiques pesant sur les contribuables soient considérablement réduites; 2° que l'Angleterre, en raison de son influence sur notre conquête africaine et de sa tolérance commerciale en France, supporte une notable partie de ces charges d'occupation?

Savez-vous, messieurs, que si l'Angleterre acceptait cette proposition, à la condition de nous laisser plus libres en France, savez-vous, dis-je, que nous pourrions peut-être oublier une époque qui ressemble assez au temps de la démence de Charles VI, du règne de Charles VII, de Dubois, de la régence..... ; que les contribuables n'auraient plus un budget de 1,500,000,000; que dès lors le ministre de la guerre ne recevrait plus d'eux près de 400,000,000; le ministère de la marine ne toucherait plus 140,000,000; ceux de l'intérieur, du commerce et des travaux publics n'auraient plus 250,000,000 ; le ministère des finances ne recevrait plus 175,000,000; celui des affaires étrangères n'aurait plus 9,000,000 ; ceux de la justice et de l'instruction publique ne toucheraient plus 75,000,000; qu'enfin les contribuables ne supporteraient plus seuls une dette publique au delà de 380,000,000 et une énorme dette flottante? serait-ce la seule amélioration? Non, car l'Angleterre ne souffrirait pas que les contribuables payassent, en moyenne, la viande 1 fr. 50 c. le kilogramme, le pain 35 c., le sel 50 c.; que le vin fût falsifié, corrompu; que les droits d'octroi fussent exorbitans, ni que les monopoles et prohibitions existassent au point d'empêcher qu'on se procure les objets de première nécessité. Avec une telle situation nous serions certains que l'*entente cordiale* subsisterait toujours, que les bastilles parisiennes ne s'élèveraient jamais menaçantes et que les produits de nos fabriques et manufactures s'écouleraient sous le bon plaisir anglais, au prix qu'il lui conviendrait de fixer.

C'est au sérieux, c'est gravement, messieurs, qu'il faut prendre cette apparente digression; car, en présence des concessions de toutes sortes que le système a faites, des outrages qu'il a subis et des humiliations qu'il a acceptées, il est évident que l'Angleterre le domine et lui commande. Les chiffres que j'ai posés parlent déjà très-haut, ceux que je grouperai bientôt ne seront ni moins positifs, ni moins énergiques, et le but incontestable du projet de loi de finances, que je vous montrerai dans toute sa nudité, vous dira mieux encore ce que le système veut atteindre et exécuter un jour. Quoique vos mandats soient incomplets, vous n'en êtes pas moins les mandataires de la nation, et à ce titre vous devez défendre les droits de tous, et mettre de côté toute ambition de portefeuille, tout esprit de parti, toute espérance personnelle. Votre mission, c'est l'amour du pays, sa nationalité, son indépendance, sa prospérité, son honneur, sa dignité, l'abnégation de vous-mêmes.

Si les contribuables ne se préoccupent ni des luttes politiques, ni de l'exploitation des monopoles, ni de la distribution des faveurs, ni des successions ministérielles, croyez-vous qu'ils ne songent pas à l'énormité de leurs charges, à la nécessité de leurs forces et à l'emploi qu'on en peut faire? Croyez-vous que parce qu'ils sont silencieux ils ne se souviennent pas qu'on leur promit un gouvernement à bon marché, la suppression presque entière d'une liste civile écrasante; que 100,000 écus suffisaient comme liste civile au chef de famille qui avait le plus vaste et le plus opulent domaine particulier, connu en Europe; qu'à l'exemple de l'empire, on emploierait le surplus à l'achèvement des travaux du Louvre et à la restauration des palais, châteaux, etc., parce qu'on ne tenait qu'au titre : LISTE CIVILE, pour la splendeur et l'éclat du trône? Savez-vous à combien s'élève le chiffre des sommes encaissées, versées par les contribuables, y compris les 9,000,000 soldant l'ancienne liste civile et touchés au delà des prévisions de la loi de 1831; les 28,000,000 destinés à l'achèvement du Louvre ; les 7,000,000 pour complément du prix des immeubles du Palais-Bourbon ; les 5,000,000 dus au trésor par l'héritier du dernier des Condé, soit à titre de droits de succession, soit à titre d'engagiste des forêts du Clermontois, et les 205,000,000 payés à la liste civile depuis la loi de 1831? Au chiffre de 287,000,000! Dans ce capital énorme, où figurent les 70,000,000 au moins produits par le domaine de la couronne et les exemptions d'impôts et autres avantages concédés, ne sont pas compris les revenus de l'immense fortune privée. Quoique cet effrayant capital fasse partie des 19,761,191,061 fr., dépensés depuis 1831, dans lesquels ne sont pas compris les engagemens qu'on a eu l'imprudence de contracter au nom du pays jusqu'en 1857, croyez-vous que les contribuables n'y aient pas fait attention et aient oublié les premiers temps?

Mais si les contribuables se taisent en matière d'impôts, n'est-ce pas parce que vous êtes leurs représentans, d'autres eux-mêmes? N'est-ce pas vous, en effet, qui devez dire aux gouvernans : « Pourquoi les charges sont-elles si lourdes? Pourquoi un si gros chiffre de budget? Quel besoin avez-vous de tant d'argent? Combien avez-vous reçu l'année dernière? Quelle somme avez-vous dépensée, et pourquoi? Voyons-en le détail, les pièces, et si l'emploi en est légitime, vous aurez notre approbation, sinon un rejet. » N'est-ce pas vous enfin qui devez leur dire : « Nous vous donnons de l'argent pour administrer sagement, honorablement, dignement les personnes et les biens du pays; mais nous entendons que vous vous conformiez à nos prescriptions, sinon nous vous retirons notre confiance. » N'est-il donc plus vrai que le mandant a le droit de vouloir l'exécution rigoureuse du mandat qu'il donne? Est-ce que celui qui paye n'a pas le droit de savoir combien il paye et pourquoi il paye? Est-ce que vous consentiriez à ce que nous n'eussions plus de charte, vous qui venez de la maintenir en vous refusant à la conversion de la rente?

Avant de vous demander la répulsion du projet de loi de finances de 1845, je dois jeter un regard rétrospectif, parce que les temps antérieurs sont quelquefois d'utiles enseignemens. En 1814, en présence de la guerre et de l'invasion, les dépenses ne s'élevaient qu'à 800,000,000. En 1815, 1816 et 1817, malgré les emprunts et l'occupation de 400,000 étrangers, la moyenne des dépenses était de 1,000,000,000. En 1823, avec l'expédition d'Espagne, la somme des dépenses était de 1,100.000,000, y compris 87,000,000 prêtés à l'Espagne. En 1830, le chiffre était semblable; mais on avait fait la conquête d'Alger, qui rapporta 60,000,000 de francs! Les frais extraordinaires ne trouvèrent-ils pas là une ample compensation? La dette publique alors n'allait pas à 300,000,000; le budget de la guerre montait à 195,000,000, et les soldats n'étaient pas moins payés qu'aujourd'hui; celui de la marine à 60,000,000, et nos flottes ne reculaient pas; ceux de l'intérieur, du commerce et des travaux publics à 115,000,000, et les fonctionnaires faisaient leur devoir, et l'industrie se développait, et les routes et les canaux se construisaient; celui de la justice et des cultes s'élevait à 56,000,000, et les lois étaient exécutées et la religion librement pratiquée; celui des finances à 130,000,000, et les contribuables connaissaient toujours leur situation relative en janvier; celui des affaires étrangères à 9,000,000, et il rétribuait fort bien ceux qu'il envoyait en mission dans les pays lointains; enfin la liste civile, tant pour elle, son personnel, que *sa garde royale*, recevait 36,000,000, et elle payait bien ceux qui la servaient. Voilà le bilan qui précéda les mémorables journées! et on le trouvait effrayant, monstrueux, capable de conduire à une sorte de banqueroute! Qu'eût-on dit à cette époque si l'on eût prévu l'augmentation de moitié? Mais alors on ne lisait pas dans l'avenir: heureusement, car à la tempête succéda le calme le plus profond, véritable engourdissement moral!...

Si ce sont là les sommes énormes que nous coûta l'ancienne administration, et si on peut lui attribuer quelques folles dépenses, tout cela est-il comparable à ce que nous avons vu depuis 1830, et surtout à notre état présent? Est-ce alors qu'on eût rencontré un déficit Kesner, dont on fit tant de bruit, et qui servit si merveilleusement l'ambition de certaines grandes familles initiées aux secrets des drames sanglans de Grenoble, etc., etc.? Est-ce alors qu'on eut besoin de ces inventions de police qui arrivaient juste au moment de la discussion des lois les plus capitales comme objet de distraction? Est-ce alors que, dans le but de soutenir et de protéger l'administration fiscale, au lieu de veiller pour les contribuables, on eût eu les émeutes, les états de siége de Paris, Lyon, Foix, Clermont, Toulouse, et exécuté le désarmement de notre marine, l'abandon de nos places fortes, l'embastillement de la capitale, les recensemens, les emprunts, les aliénations et défrichemens des biens de l'État, etc.? Était-ce pour donner une plus grande somme de force et de jouissance aux partisans de la doctrine? Est-ce qu'on prétend nous dispenser une seconde édition des plus mauvais jours du Bas-Empire? Est-ce alors que les gouvernans, pour l'empêcher d'exercer son contrôle sur le flagrant gaspillage de la fortune publique et sur les élémens qui leur procurent les moyens de corruption, ce jeu scandaleux de l'argent du contribuable, eussent demandé à une législature de voter sans discussion et en quelques heures les plus excessifs budgets? Est-ce alors qu'on vous eût privé des documens indispensables et qu'on vous eût présenté une loi de finances pouvant exprimer le contraire de son texte? Est-ce alors que les impôts directs ou de répartition fussent devenus de *quotité?* Est-ce que le caractère et la loyauté législatifs eussent permis qu'on les dénaturât? Il fallait bien que la *prospérité croissante* s'appuyât sur de pareils titres pour se manifester par des augmentations successives et opposées à l'esprit de la constitution, qui veut un contingent permanent et immuable. Cet état de choses m'offre un avantage, puisque si on avait pratiqué ce principe d'ordre public et d'équité nationale, je ne pourrais placer sous vos yeux l'exemple comparatif suivant :

Les impôts étaient et sont, savoir :

	EN 1830. fr.	POUR 1845. fr.
Foncier	240,000,000	275,000,000
Mobilier et personnel.	40,000,000	58,000,000
Fenêtres	15,000,900	35,000,000
Patentes	26,000,000	47,000,000
Avertissemens	650,000	750.000
Total	321,650,000	415,750,000

Différence au préjudice des contribuables du royaume. 92,100,000 fr.

Dans le chiffre de 1830, le département de la Seine, pour ses quatre contributions directes, y entrait pour	25,000,000 fr
Dans celui de 1845, il y figure pour	32,000,000
Différence au préjudice des contribuables de la Seine. .	7,000,000 fr.

Est-ce alors que, sous le vain prétexte d'alléger les charges publiques, un ministère eût imaginé la PERÉQUATION fiscale, comme pour constater un milieu vrai, un centre positif, quand ce terme astronomique trouve à peine place dans l'immensité zodiacale? Est-ce alors qu'on eût osé le nivellement des charges, quand les fortunes étaient inégales, les natures d'industries ou de commerce différentes, et que la charte commandait, comme elle la commande encore, la *répartition proportionnelle?* Est-ce que, sous le régime d'une constitution et en présence de la dissémination des forces composant la richesse du pays, il y a possibilité d'asseoir et d'exécuter une peréquation dans les impôts? Est-ce que cette expression n'était pas une fascination, un piége, une véritable transmutation qu'on voulait obtenir pour la libre manipulation de l'argent des contribuables? Est-ce qu'au lieu de voiler aussi grossièrement la progression des impôts, qu'on annonçait vouloir modérer en diminuant les contingents des départemens prétendus trop chargés, il ne valait pas mieux se livrer à un remaniement de la matière imposable de ces départemens, soit de l'Est ou de l'Ouest, soit du Nord ou [du Midi, en déclarant, dans tous les cas, que les constructions nouvelles viendraient en déduction et non en addition, comme d'ailleurs on le pratiquait encore il y a huit ans à peine? Est-ce que cela n'eût pas été plus équitable et plus conforme à nos mœurs, à notre droit public, que la violation patente de ce même droit? Est-ce alors qu'on eût osé vous soumettre un projet de loi sur les patentes posant toutes bases subversives de la répartition, afin de lui substituer facultativement la *quotité*, parce qu'avec ce système, qui ménage l'adulateur ou le complaisant et frappe l'homme de bien, l'homme juste et l'homme national, on est maître de tous les rouages gouvernementaux? Est-ce alors que, pour étouffer les plaintes, calmer le mécontentement et paralyser l'énergie d'une législature, on eût eu l'intelligence de l'associer à la transgression la plus manifeste de la constitution, en lui faisant discuter et voter cette loi?... J'avoue que si nos gouvernans avaient été les ministres du 25 juillet, leur *système* n'aurait pas été embarqué à Cherbourg...

EXAMEN DE LA LOI DE FINANCES DE 1845.

Si, avant d'aborder quelques points de détail de la loi de finances qui vous est soumise, je parle du recensement annuel de la matière imposable, c'est prouver de suite que son application aux quatre contributions directes ne tolère pas la présence de l'arbitraire, parce que son principe, aussi sage qu'élémentaire, pose partout les mêmes bases, et proportionne ainsi les charges, sans pouvoir jamais alléger un contribuable au détriment d'un autre. Avec ce principe il n'y a pas de précédens à invoquer, de chiffres fictifs à grouper, de livres à compulser, d'addition à faire, ni de fortune à vérifier, parce qu'en même temps qu'il prescrit un contingent préalable, fixe, invariable, il veut un marc le franc pour chaque nature d'impôt, qui mette le contribuable en état de juger soi-même l'équité de la répartition. J'ai expliqué ailleurs que le système de la *quotité* admettait la confusion et l'inconnu dans les taxes, c'est-à-dire que les contribuables ignorent toujours les bases et le chiffre de leurs impôts, et que, vous, leurs représentans, leurs mandataires, vous votez un contingent idéal constamment dépassé, tandis que les gouvernans, au moyen d'un travail préparé d'avance et qu'ils ne vous communiquent jamais, connaissent parfaitement et les bases et le produit à attendre de l'application d'une loi de ce genre.

Ainsi le système de la *quotité* est la faculté immense *d'accroître* l'impôt, en même temps qu'il permet de dégréver les uns en *accablant* les autres. Un gouvernement représentatif, qui consacré le règne de la justice et de l'égalité relative des charges ne peut pas vouloir qu'un aussi dangereux système se soutienne.

L'administration, persévérante dans ses vues de bouleverser l'impôt, et malgré son demi-succès de 1831 sur les patentes, l'exaucement de ses vœux en 1835 sur les constructions nouvelles, l'exécution de son fameux recensement en 1841 et 1842, et sa victoire inattendue de 1844 sur les patentes, n'ose pas écrire nettement qu'elle propose, pour 1845, la légalisation de la *quotité*. Habituée à obtenir tout ce qu'elle a convoité sous des apparences qui éblouissaient la clairvoyance législative, c'est encore avec des formes analogues, avec une sorte de bonhomie qu'elle vous demande d'accepter le budget de 1845. Néanmoins le voile qui couvre ce projet de loi a beaucoup moins de densité que celui qui dissimulait le but de sa sœur aînée des patentes. Il est vrai qu'on n'est pas toujours heureux dans les moyens de cacher la vérité.

Décidément, messieurs, vous êtes appelés à repousser la *répartition* de l'impôt pour convertir en loi le système de *quotité*. Les lois de 1831, de 1835, de 1842 et de 1844 ont porté une grave atteinte aux plus importantes dispositions de la charte. Ce n'est pas assez : on veut plus aujourd'hui, et on espère que vous accorderez. En d'autres termes, on vous demande l'anéantissement de la constitution et la *libre exploitation* politique et financière de tous les contribuables ! Consentirez-vous à une semblable spoliation? D'abord pouvez-vous donner ce qui ne vous appartient pas, et ensuite les contribuables ratifieraient-ils une aussi révoltante concession? Cette double question n'est pas soluble aujourd'hui. Comment déciderez-vous la première partie? Les contribuables attendront pour résoudre la seconde... Doutez-vous de l'exactitude du fait que j'affirme exister dans le projet? Ouvrez le premier volume, et vous lirez pages (24 et 28 de l'exposé) 59 et 60 du projet :

« Art. 1er. Les contributions foncière, personnelle et mo-« bilière, des portes et fenêtres et des patentes, seront perçues, « pour 1845, en principal et centimes additionnels, confor-« mément à l'état A ci-annexé et aux dispositions des lois exis-« tantes.

« Le contingent de chaque département dans les contribu-« tions foncière, personnelle et mobilière est fixé, en principal, « aux sommes portées dans l'état B annexé à la présente loi.

« Le contingent de chaque département dans la contribu-« tion des portes et fenêtres est fixé, en principal, d'après la

« nouvelle répartition faite en exécution de l'article 2 de la « loi du 11 juin 1842, conformément à l'état B *bis*, également « annexé à la présente loi.

« Art. 2. A dater du 1er janvier 1846, le contingent de chaque département dans la contribution personnelle et mobilière *sera diminué* du montant en principal des cotisations « personnelles et mobilières afférentes aux maisons qui auront été démolies.

« A partir de la même époque, ce contingent sera *augmenté* « proportionnellement à la valeur locative des maisons nouvellement construites ou reconstruites, à mesure que ces « maisons seront imposées à la contribution foncière. *L'augmentation sera du vingtième* de la valeur *locative réelle* des locaux consacrés à l'habitation personnelle.

« Il sera procédé, à cet égard, de la manière prescrite par « l'art. 2 de la loi du 17 août 1835.

« L'état, par département, des *diminutions* et *augmentations* « sera annexé au budget de chaque année.

« Art. 3. A l'avenir, lorsque, par suite du recensement officiel de la population, une commune passera dans une *catégorie* inférieure ou supérieure à celle dont elle faisait partie, « le contingent du département dans la contribution des portes et fenêtres sera *diminué* ou *augmenté* de la différence résultant du *changement* de tarif. »

Est-ce clair maintenant? ne voyez-vous pas que l'*augmentation* et la *diminution*, selon les époques, les influences, les circonstances et les dispositions des départemens, des arrondissemens, des cantons, des communes et des contribuables eux-mêmes, seront toutes *facultatives* et de *bon plaisir?* La même faculté ne subsiste-t-elle pas pour la contribution des fenêtres et le droit fixe des patentes? Est-ce que l'élasticité de la condition de population ne permettra pas, selon les besoins des temps, des lieux et des personnes, d'*élever* ou d'*abaisser* les chiffres? en ce qui touche les patentes, ne sera-t-il pas *facile* de déclarer que tel, porté à la 1re ou à la 2e classe, ne doit être qu'à la 3e ou à la 4e classe, puisque le droit d'application est *exclusivement* dévolu à l'administration? En sera-t-il autrement pour l'imposition des valeurs locatives, puisque leur appréciation compète à l'administration seule?

Si vous ne me trouviez pas assez positif, messieurs, je vous supplierais d'arrêter votre attention sur les articles 1, 2 et 3 du projet (articles ci-devant copiés), d'en peser les termes et d'en méditer l'esprit. Vous vous convaincriez vous-mêmes qu'au lieu d'exagérer leur portée, je n'en fais pas encore assez ressortir les dangers. Quand je vous disais que les lois des 26 mars 1831, 17 août 1835, 11 juin 1842 et celle toute récente des patentes, étaient les premiers anneaux de la chaîne qui devait maintenir les contribuables en état de sujétion permanente et que d'autres lois viendraient nécessairement la compléter et la consolider, je ne me trompais pas, puisque le projet que vous examinez en ce moment a pour but d'achever autant que possible l'œuvre qu'elles ont préparée. J'ai l'espoir que la législature, prévenue des tendances du système par les lois que je viens de citer, et instruite par l'expérience de la loi des patentes qu'on applique déjà par anticipation, ne livrera pas les contribuables et conséquemment le pays tout entier à l'arbitraire de l'administration.

Non, messieurs, non, vous ne voudrez pas la dénaturation de l'impôt; vous n'accepterez pas le projet de loi de finances dans les termes qu'il vous est présenté; vous ne sacrifierez pas les fortunes du pays et les libertés électorales à ceux qui se glorifient de nos désastres de Waterloo, à la doctrine d'abaissement et d'humiliations *partout et toujours;* non, vous ne voudrez pas sciemment prêter votre concours à la violation formelle des derniers lambeaux de notre constitution; vous ne voudrez pas enfin que la honte du système soit érigée en principes dans la plus importante des lois d'un pays. Vous vous direz au contraire : « Notre mandat, nous le tenons de « nos concitoyens, de la nation; complet ou non, nous l'avons « accepté tel, et tel nous devons le remplir religieusement, « sans autres concessions que celles qui tendent à l'accrois- « sement de la prospérité générale, au développement des li- « bertés publiques et au respect de notre nationalité, de notre « indépendance et de notre dignité *partout et toujours.* Nous « ne sommes pas des représentans de clocher, des délégués « de chemins de fer, des dispensateurs de privilèges, des dé- « putés de partis, des solliciteurs de places, *nous sommes les* « *députés de la France!* » Dites cela, et vous n'entendrez plus de promesses hypocrites, et notre pavillon sera salué, et notre nationalité subsistera, et notre dignité ne sera plus outragée, et les charges seront sagement réparties, et le travail de nos fabriques et de nos manufactures sera sans chômage, sans entraves, et nos institutions ne seront plus méconnues, nos droits foulés aux pieds, et la *prospérité* pourra devenir *croissante!...*

Mais en vous demandant, messieurs, d'adopter les articles 1, 2 et 3 du projet de loi, on vous propose de vous suicider comme organes du pays en matière d'impôts et d'élections. Ce n'est pas tout, car on vous propose aussi d'entraîner les contribuables dans l'abîme que couvrent momentanément les termes de ces trois articles. On veut réduire votre puissance à la *simple addition* des comptes! Vous vous devez à la nation, vous êtes l'émanation de sa vie représentative, et vous ne pouvez ni vous annihiler vous-mêmes, ni vouloir la ruine et la servitude des contribuables. Vous ne pouvez que résigner votre mandat si le poids vous en semble trop lourd. Mais, si votre confiance a trop accordé, si votre énergie a trop souvent faibli et si votre patriotisme a été trop muet, convaincus aujourd'hui qu'on veut faire de vous les instrumens de destruction de nos droits les plus chers, votre confiance plus sévère, votre énergie plus vigoureuse et votre patriotisme plus éloquent repousseront tout système ayant pour but de changer les bases de l'impôt, d'annuler la répartition et de briser les principes de l'élection pour rendre complétement *taillables* les contribuables français.

Il ne s'agit pas de faire produire à l'impôt tout ce que l'on peut en arracher, mais de savoir pourquoi on veut qu'il *produise* telle somme plutôt que telle autre. En d'autres termes, on doit subordonner les dépenses aux recettes et n'avoir de besoins que ceux que l'on peut satisfaire tout en conservant pour les éventualités. Voilà quelle doit être la règle de conduite d'un gouvernement qui veut la justice, le bonheur de tous et l'indépendance nationale.

Ce n'est ni d'aujourd'hui ni d'hier que nos gouvernans convoitent l'administration exclusive de l'impôt et le maniement de la matière électorale. Il y a longtemps qu'ils poursuivent la réalisation de cette idée de subversion et d'empiétement. Toutes les lois antérieures en contenaient un germe plus ou moins menaçant, et, à les voir revenir constamment et toujours avec une nouvelle persistance, on devait s'attendre qu'un jour ils essayeraient de compléter leurs desseins. C'est ainsi que vous les avez vus mettre dans leurs mains tout *l'avenir* des patentés; c'est ainsi que vous les voyez chercher à s'emparer de toutes les conséquences de la loi de finances qu'ils sollicitent de vous, et c'est ainsi que vous les verrez bientôt vous présenter la déclassification des terres. Leur travail se prépare depuis 1837, pour être appliqué, sinon en 1846, au moins en 1847, conformément aux inductions des lois de mars 1831, d'août 1835, de juin 1842 et de celle en projet.

La législation actuelle de l'impôt est déjà excessivement funeste aux propriétaires, aux patentés, aux locataires, aux manufacturiers et aux ouvriers, qu'on a frappés sous la qualification de FABRICANS A FAÇON; que sera-t-elle donc si vous consentez la loi qu'on vous demande? Elle sera tout à la fois intolérante et intolérable. Maintenant vous devez partager cette conviction.

Si les organes du système nient, non pas leur hostilité contre les contribuables, car elle est trop manifeste, mais leur propension de se les assujettir entièrement, posez-leur les questions suivantes, et invitez-les à les résoudre :

Pourquoi avoir maintenu en vigueur le 2e § de l'art. 26 de la loi du 26 mars 1831, quand la loi du 21 avril 1832 avait abrogé cette loi?

Pourquoi, après l'adoption de la loi de 1835, avoir fait revivre ce §, si ce n'est dans le but de violer les dispositions de la loi de brumaire an 7, qui avaient déterminé les locaux soumis aux taxes des patentes?

Pourquoi avoir introduit dans la loi du 17 août 1835 un article 2 qui fait de l'impôt foncier et des fenêtres un impôt de *quotité?*

Pourquoi substituer à l'art. 8 de la loi du 21 avril 1832, qui maintient l'impôt direct et de répartition, l'art. 2 du projet qui rend l'impôt de *quotité* ou *indirect?*

Pourquoi, en ce qui concerne les taxes personnelle et mobilière, demander l'application extensive de ce dangereux art. 2 de la loi du 17 août 1835, quand les contributions dont il s'agit n'ont aucune analogie avec les taxes énumérées dans cette loi?

Pourquoi ne pas imposer la rente, les actions publiques, les obligations, les rentes sur particuliers, etc., afin d'alléger les charges du commerce qui supporte à peu près la moitié du buget général de l'État?

Pourquoi ne pas proposer également le remboursement de notables fractions de la dette publique, qui est énorme?

Pourquoi ne pas imposer les fonctionnaires de tous les ordres? Pourquoi avoir exclu les officiers ministériels de la patente? Pourquoi admettre des professions libérales sous un régime représentatif qui ne consacre aucun privilége? Est-ce que tous ne devraient pas diminuer le fardeau des propriétaires et autres contribuables?

Pourquoi ne pas améliorer le sort de la classe ouvrière en organisant le travail?

Pourquoi ne pas tarifer d'une manière invariable les objets de première nécessité, afin qu'on ne trafique pas sur les alimens indispensables à la vie de l'homme? Pourquoi d'ailleurs ne pas permettre l'introduction des bestiaux étrangers, des céréales, etc.?

Pourquoi ne pas réduire :

1° Le ministère de la guerre à 150,000,000, plus que suffisans pour le pied de paix;

2° Celui de la marine au chiffre de 1830, alors qu'on achevait la conquête d'Alger, et que nos deux armées de terre et de mer ne nous coûtèrent que 250,000,000 au lieu de 530,000,000, que supportèrent les contribuables de 1841, et de 450,000,000 que ces contribuables auront à payer pour 1845 (450,000,000 de francs pour deux armées sur le pied de paix, n'est-ce pas effrayant?);

3° Ceux de l'intérieur, du commerce et des travaux publics à 115,000,000 comme en 1830, au lieu de 256,000,000 de 1841, et des 250,000,000 du projet;

4° Et enfin les autres ministères à un chiffre inférieur à

celui proposé, parce qu'ils ont un personnel d'un tiers trop nombreux? N'est-ce pas assez de 57,000,000 pour la justice, les cultes et l'instruction publique, comme en 1830 ?

Pourquoi vendre nos salines au lieu de les exploiter au profit de la nation, spéculer sur elles en quadruplant le capital primitif des acheteurs ou traitans, frapper le *sel* d'un impôt, et laisser subsister le monopole du sel, qui fait partie du domaine commercial ?

Pourquoi monopoliser les tabacs, les fers, les houilles, le combustible en général, au lieu de les réglementer afin que les classes inférieures puissent en faire usage?

Pourquoi laisser hors la loi deux classes intéressantes, qui ont autant de droits que les autres hommes: celle ouvrière et celle appelée prolétaire?

Pourquoi avoir favorisé la création des caisses d'épargne dans le but de faire servir les près de 400,000,000 qu'elles ont produits, aux manœuvres des jeux de bourse, plutôt que d'avoir employé ces fonds à aider le commerce, l'industrie et l'agriculture des départemens qui les ont fournis? Ces caisses d'épargne, seulement utiles pour les grands centres de population et désastreuses pour les provinces, ne sont-elles pas, quoi qu'en disent leurs panégyristes, un emprunt déguisé, un véritable impôt qui enlève l'argent des localités, pour le soustraire à la circulation habituelle?

Pourquoi le crédit annuel donné pour notre ruineux amortissement, crédit qui n'amortit rien, ne serait-il pas supprimé, afin d'alléger d'autant les charges des contribuables?

Pourquoi laisse-t-on à un ministre des finances, pendant plusieurs années, le BLANC SEING d'un emprunt de 450,000,000? n'est-ce pas pour qu'il exerce une puissante influence sur les traitans, soit politiques, soit purement commerciaux?

Pourquoi ne pas faire sortir immédiatement du trésor les fonds connus sous la dénomination de *fonds particuliers des comptables*, en compte courant, avec intérêts et commission au préjudice des contribuables, au lieu de les laisser dans une situation précaire, variable et certainement dangereuse? est-ce qu'il ne serait pas plus sage d'adopter les mesures prises par le ministre des finances qui succéda au régime tout doctrinaire des premières années de 1815? Ne serait-ce pas plus rassurant pour les correspondans du trésor public, si celui-ci était dispensé de donner une prime d'encouragement à ceux qui peuvent produire ces scandaleuses catastrophes semblables à celles qui se sont manifestées depuis le déficit dit Kesner? Pourquoi payer 4 p. o/o d'intérêts aux comptables, plus la commission, quand la caisse des dépôts et consignations paye moins à tous les autres créanciers du trésor, qui ne peuvent pas retirer facultativement leurs dépôts?

Pourquoi, sous un gouvernement représentatif, obliger les contribuables à payer 125 p. 0/0 à ceux qui n'ont prêté que 40, 50, 60, ou tout au plus 75, et déclarer avec une sorte de cynisme qu'on ne doit pas les rembourser au pair, parce qu'une prime de 20 à 30 p. 0/0 du capital nominal est assurée aux intéressés qui ont obtenu ce capital au-dessous de 40 à 50 p. 0/0? N'est-ce pas au contraire parce qu'il reste encore à réaliser certaines fractions de l'emprunt facultatif des 450,000,000 accordés en 1841 ?

Pourquoi l'État ne construit-il pas les chemins de fer, au lieu d'en transmettre le monopole à ces trafiquans de tous les étages, qui, sans bourse délier, réalisent un bénéfice égal et souvent supérieur au capital? Ces sortes de transactions, qui s'exécutent à cet égard, ne vous rappellent-elles pas la comédie jouée lors de l'emprunt de 150,000,000 sur ce chiffre de 450,000,000? Ne vous souvient-il pas que cet emprunt purement fictif de 150,000,000 produisit aux prétendus prêteurs, qui n'avaient prêté que leur signature, un BÉNEFICE DE 22,000,000 DE FRANCS?

Pourquoi les 200,000,000 dus par l'Espagne, la Belgique et l'Angleterre, ne sont-ils pas encore rentrés au trésor? oublie-t-on que, par la convention du 25 avril 1818, l'Angleterre se reconnut débitrice de 9,000,000 et des intérêts envers la France? Ce capital est-il remboursé? qui a touché les intérêts depuis vingt-sept ans? dans quel budget et à quel chapitre figure ce capital? Pourquoi l'Espagne et la Belgique ne se libèrent-elles pas envers nous? est-ce que nos ambassadeurs n'ont pas eu mission de s'en occuper?

A propos d'ambassadeurs, pourquoi, depuis plusieurs années, paye-t-on des fonctionnaires qui, au lieu d'aller représenter la France à leur ambassade, votent et résident à Paris? N'est-ce pas parce qu'on les croit utiles à décider le sort des majorités? Pourquoi ne pas choisir des hommes libres, indépendans, qui se consacrent à faire respecter tous nos droits? Pourquoi ne pas investir de ces hautes missions les notabilités de l'intelligence, de l'honneur et du patriotisme? Est-ce qu'on croit à l'impossibilité de remplacer le triumvirat de Londres, de Vienne et de Madrid? Pourquoi les trois ambassadeurs successifs à Londres furent-ils l'objet de faveurs et de sollicitudes spéciales, au point que l'un d'eux reçut l'une de ces visites que n'auraient jamais attendue les Casimir Périer, les Lafayette, ni tout autre grand citoyen?

Pourquoi, par exemple, le premier corps administratif de l'État, sur les conclusions du gouvernement, repousse-t-il constamment les créanciers sérieux de la nation, pourvus de titres légitimes et incontestables, sous le prétexte de la déchéance encourue, quand cette prétendue déchéance, inapplicable d'ailleurs, ne fut pas invoquée contre les Américains

et tant d'autres? Il y a donc un concert pour ruiner les nationaux?

Pourquoi, lorsqu'il s'agit de faits graves, du genre de ceux relatifs à Saint-Jean d'Ulloa, à la Suisse, à Grenoble, à Blaye, à Strasbourg, à Taïti, à Haïti, à Alexandrie, à Téhéran, à la Chine, à Portendic, à l'Espagne, à la Belgique, au Luxembourg, à la Pologne, à Buénos-Ayres, à Madagascar, au Sénégal, à Constantinople, à Jérusalem, à la Nouvelle-Zélande, etc., etc., vient-on les repousser par cette fin de non-recevoir : *Nous négocions?* Est-ce que c'est là répondre dignement à la nation?

Pourquoi avoir écrit dans le budget de 1845 que le régime de L'EXERCICE sera désormais pratiqué envers tous les contribuables sans exception, et que, comme conséquence de ce système déjà érigé en loi, toutes les lois de finances devront être, à l'avenir, présentées, soutenues, défendues, combattues et votées, sous l'influence de passions politiques, d'intérêts privés, de prétentions électorales, d'accaparemens de portefeuilles, de besoins dynastiques, etc., comme le furent, depuis quelques années et le sont encore de nos jours, les lois d'emprunts, les traités, les voies de fer, les canaux, la régence, le recrutement, les patentes, les ports, les prisons, les brevets d'invention, les paquebots transatlantiques, et, en particulier, les contingents réduits ou augmentés des départemens? Pourquoi cet abandon déjà célèbre de tous les intérêts nationaux?

Pourquoi, en matière de finances, ne pas publier tous les ans, dans le courant de janvier, le tableau de la situation du pays, comprenant ses recettes faites ou à faire, ses charges, ses besoins et ses ressources pour parer à tout, même aux éventualités? Pourquoi ne pas appeler l'attention de tous ceux qui contribuent à son alimentation, comme ils veulent contribuer à sa gloire, à sa grandeur, à son indépendance et à sa dignité? Est-ce que l'on craint les lumières et les observations judicieuses des contribuables?

Pourquoi soumettre à l'examen et au vote de la chambre élective le budget des dépenses avant celui des recettes? N'est-ce pas parce qu'on craint que les recettes, limitées et circonscrites dans un contingent fixe et invariable, ne puissent pas permettre la manipulation des fonds? N'est-ce pas enfin parce qu'en votant d'abord les dépenses on a la possibilité d'accroître démesurément, non le contingent idéal déterminé des recettes, mais le chiffre effectif, général et particulier de ces recettes, au moyen de la *hausse* et de la *baisse* apparente des cotisations de chacun, ou plutôt de ce mode déplorable qui transforme la *répartition* en *quotité?*

Pourquoi faire payer aux contribuables des sommes considérables pour les travaux de réparations de nos places fortes et de nos ports, quand il est constant que nos places fortes, nos ports sont dans une sorte de délabrement, et que ces travaux ne sont pas exécutés? Qu'a-t-on fait de ces fonds depuis quatorze ans bientôt?

Pourquoi s'élèvent les bastilles, puisque nous voulons la paix *partout et toujours*, et que le système est disposé à faire toutes les concessions possibles pour la maintenir? Pourquoi d'ailleurs érige-t-on d'abord les forteresses, quand c'était l'enceinte qu'on devait exécuter et qu'on néglige aujourd'hui? Quel usage veut-on en faire? Armera-t-on les forts? Est-ce pour les armer que des marchés ont été consentis avec des commissionnaires pour le transport de pièces de gros calibre, conduites silencieusement à Vincennes ou laissées à la douane sous des qualifications opposées et diverses, etc.?

Pourquoi, sous le régime de la paix, les dépenses et les prétendues charges de l'Etat croissent-elles tant? Quelle cause assigne-t-on à cette distension gouvernementale? Si l'argent produit tant, pourquoi ne pas apporter quelque parcimonie à la distribution de fonds qui ne vous appartiennent pas?

Pourquoi s'oppose-t-on à ce que les dix-neuf vingtièmes des contribuables français, qui supportent la plus forte partie de l'impôt de l'argent et seuls l'impôt du sang, pourquoi s'oppose-t-on à ce que ceux-là mêmes, sans lesquels la nation n'a ni vitalité, ni force, ni puissance, ni action, participent à l'exercice des droits politiques? Est-ce que l'on trouve mieux de les maintenir toujours *payeurs* belges, espagnols, grecs, anglais, américains? Est-ce que, dans un gouvernement représentatif, on voudrait qu'il y eût des exceptions politiques?

Pourquoi tolérer toujours la présence et le vote de ces fonctionnaires publics, essentiellement révocables, s'ils sont indociles à la voix ou au geste de leurs supérieurs hiérarchiques? Est-ce qu'ils peuvent contrôler les recettes sollicitées et blâmer les dépenses faites par ceux-là mêmes dont ils dépendent et qui les payent pour obéir? Pourquoi ne pas indemniser les représentans, supprimer la mendicité des places et honorer l'indépendance, afin de substituer aux majorités factices et spéculatives des majorités réelles et nationales?

Pourquoi, en l'absence d'une loi spéciale sur la responsabilité ministérielle, loi inutile en présence des monumens de l'empire, ne pas renvoyer devant les tribunaux ordinaires, seuls compétens sous un régime représentatif, et seuls juges du dommage causé? Pourquoi la corruption électorale n'est-elle pas poursuivie d'office par le ministère public, lui si zélé, si prompt, si sévère et si passionné lorsqu'il s'agit d'exécuter toutes les volontés supérieures? Est-ce que le code pénal est un être passif dont on peut se jouer en requérant ou ne requérant pas son application?

Pourquoi nos centres de production et surtout nos ports de mer, pour lesquels on nous compte toujours des dépenses exorbitantes, et dont on ne trouverait pas un exemple dans les annales des peuples, sont-ils sans aide, sans protection, sans débouchés? Pourquoi nos armateurs et le commerce sont-ils, depuis douze ans, privés du service de ces paquebots transatlantiques que certaines compagnies leur avaient destinés? Pourquoi le gouvernement s'empara-t-il de ce monopole qui nous ouvrait de promptes et sûres communications au delà de l'Océan? Pourquoi, dans ce cas, avoir fait payer aux contribuables plus de 29,954,470 francs pour la mise à flot de dix-huit paquebots, disponibles depuis longtemps et qu'on dispense tout à la fois de voyager dans les mers du Nord et du Sud, et spécialement du transport des marchandises? Pourquoi ces magnifiques steamers restent-ils enchaînés dans nos ports? N'est-ce pas pour laisser la liberté plus grande de commercer avec les Amériques à cette magnanime Angleterre, qui a bien voulu nous permettre la seule exploration des côtes du littoral de l'Europe? Devons-nous donc constamment nous incliner pour maintenir l'*entente cordiale?*

Pourquoi y a-t-il tant d'analogie entre les paquebots transatlantiques et les fonds qu'on alloue si souvent pour Huningue et nos autres places fortes, puisque ces fonds sont appliqués aux travaux de fortifications de Paris, Lyon, Caen, Toulouse, etc.?

Pourquoi les millions enfouis annuellement dans les travaux du port du Havre sont-ils employés contrairement aux règles de l'art et aux intérêts généraux de la nation? N'est-ce pas parce qu'il faut satisfaire la cupidité de certains traitans que nos fonds sont toujours gaspillés? Pourquoi subir les exigences de ces traitans? Est-ce parce qu'ils ont une fortune colossale, presque gigantesque? La nation, sa grandeur, sa dignité, le développement de son commerce et de ses voies de prospérité ne sont-ils pas préférables aux spéculateurs?

Pourquoi a-t-on soumis les destinées éventuelles de la France à l'influence inévitable des Cobourg qui, depuis plus de cinquante ans, sont ses plus implacables ennemis? N'est-ce pas à eux qu'elle a dû la catastrophe de Leipsick? ne les vit-on pas dans les armées de l'invasion?

Pourquoi refuser toute alliance avec la seule puissance qui a intérêt à voir la France grande, prospère et digne? Est-ce que l'Angleterre prétend que le drapeau et l'honneur de la France se sont éteints sur le rocher de Saint-Hélène, parce qu'elle y a fait expier par le plus grand homme des temps modernes le crime de les avoir portés trop loin et trop haut? Est-ce parce qu'elle croit à l'anéantissement de notre énergie et de notre nationalité, qu'elle cherche à nous humilier partout et qu'elle nous interdit le service de nos bateaux à vapeur du Havre à New-York, de Bordeaux à la Nouvelle-Orléans, de Nantes sur les côtes d'Afrique et de Marseille dans l'Amérique du Sud?

Pourquoi donc subordonner notre présent et notre avenir aux volontés despotiques de l'Angleterre? et si nos représentans ne se sentent pas assez forts pour secouer le joug que nous subissons et que son entente cordiale prétend toujours nous imposer, pourquoi n'en appellent-ils pas à la nation, qui leur répondra par 34 millions de voix : « *Plus d'influence « anglaise, dégageons-nous de ses liens; la France est notre patrie, « et nous sommes prêts à défendre toutes ses libertés, son honneur, « son indépendance et sa dignité!...*

Pourquoi, messieurs, les charges des contribuables sont-elles si élevées? Quoi! avec les crédits supplémentaires, ils ont à supporter plus de 1,500,000,000 fr.? Est-ce que vous ne trouvez pas exorbitant de leur faire payer 2,900 fr. par minute;
175,000 fr. par heure;
4,200,000 fr. par jour;
et au delà de 125,000,000 fr. par mois?

Savez-vous bien que la république et l'empire étaient moins chers?

L'empire ne leur coûtait, en moyenne, que
1,450 fr. par minute;
87,500 fr. par heure;
2,100,000 fr. par jour;
62,500,000 fr. par mois;
Seulement 750,000,000 fr. par an!

Sous la restauration, ils payaient, en moyenne,
1,935 fr. par minute;
116,665 fr. par heure;
2,800,000 fr. par jour;
83,333,335 fr. par mois;
Et enfin 1,000,000,000 fr. par an.

Est-ce que vous ne pourriez pas faire que le chiffre de leurs charges ne dépassât pas celui de l'un de ces deux derniers tableaux? En temps de paix, ne serait-ce pas assez?

Pourquoi les intérêts de la dette flottante, au capital effrayant de plus de 600,000,000, s'élèvent-ils à plus de 20,000,000 de francs? d'où provient donc son énorme et continuel accroissement? Pourquoi ne pas s'occuper de la réduction de cette charge excessive?

Pourquoi donc enfin, en présence de tant de faits graves accumulés depuis longtemps sur les ministères, la chambre des députés n'a pas demandé leur mise en accusation? Est-ce que le ministère Polignac avait plus fait qu'eux? Est-ce que l'on oserait dire qu'il n'est pas temps encore de mettre un terme aux abus de toutes sortes, aux dilapidations de la fortune publique, à la violation continue de la constitution et à l'abaissement de notre nationalité?

Voilà, messieurs, les quelques questions que je crois utile au présent, à l'avenir de la France et à sa nationalité, que vous fassiez aux organes du système. S'il arrivait que la réponse fût incomplète ou ne vous satisfît pas, je vous viendrais en aide par de nouvelles questions sinon plus péremptoires, du moins plus directes et plus explicites. J'y ajouterais immédiatement le développement de tous les principes de notre droit public et le travail catégorique et de détail sur chacun des chapitres du budget des recettes et des dépenses. Alors il faudrait bien que l'on s'expliquât, et les contribuables, soit que l'on se renfermât dans un silence coupable, soit qu'on cherchât à tourner mes interpellations, seraient pleinement édifiés sur le fâcheux emploi qu'on a fait jusqu'à ce jour du produit des contributions qu'on a perçues.

Votre concours, qui ne peut me manquer dans des circonstances aussi graves, aura une plus haute portée encore; il dessillera tous les yeux et forcera la presse à déserter le cercle des intérêts de coteries où elle se meut depuis trop longtemps, car vous stigmatiserez comme je l'ai déjà fait ceux qui l'inspirent, la dirigent et lui font sacrifier tous les principes nationaux à des spéculations individuelles ou de corporations. Vous la feriez se dégager des liens qui l'asservissent aux entreprises d'annonces, de chemins de fer, de ponts et chaussées, de canaux, aux prétentions de partis, aux relations de ministères, aux commérages dynastiques, aux assauts de portefeuilles. Enfin, vous contribueriez puissamment à la rendre ce qu'elle n'est pas, indépendante, honorable et digne. Chaque organe a un drapeau, nul n'a un principe.

Ma tâche actuelle, messieurs, va se terminer par un coup d'œil sur les trois articles du budget des recettes; car c'est là que se trouve le gouffre qui doit ENGLOUTIR LA RÉPARTITION pour faire surgir la *quotité*.

L'art. 1er a une grande importance, en ce qu'il maintient en vigueur les lois de mars 1831, d'août 1835 et de juin 1842, qui sont simultanément le *tombeau* de la répartition et le *berceau* de la quotité. Ainsi, il veut consacrer le renversement du principe de nos impôts: vous ne devez pas l'admettre.

L'art. 2 ne laisse aucun doute sur l'intention hostile, évidente qu'on a contre le principe de la répartition pour légaliser l'*impôt de quotité*.

Le 1er § concerne les maisons démolies, et il demande que la contribution personnelle et mobilière s'y rattachant *diminue* d'autant le contingent de chaque département affecté de démolition. Vous allez voir que la disposition de ce paragraphe, qui a un triple but et qui rend instables et constamment variables les contingents des quatre contributions directes, est extrêmement habile.

Le 2e §, plus positif, plus sérieux et aussi plus intelligible que le premier, le complète cependant. Ce paragraphe est relatif à toutes les contributions directes. Il se divise en deux parties : la première concerne les contributions foncière, mobilière et fenêtres; et la deuxième, la contribution personnelle et des patentes. La première partie pose en principe que désormais la contribution foncière et mobilière sera établie et perçue sur la valeur effective des propriétés bâties, sans égard à l'exagération des dépenses, au luxe des travaux et aux sacrifices des convenances, qui ne sont jamais imposables. Dorénavant aussi, le revenu fixé par la matrice cadastrale ne déterminera plus la matière imposable, qui sera laissée à l'arbitaire des agents du fisc. Ainsi, une maison imposée aujourd'hui d'après un revenu net de 10,000 fr., ne le sera pas sur 20,000 fr., mais le sera au moins sur 30,000, parce que, d'après ce chiffre, on aura encore fait la part des non-valeurs probables. La seconde partie, conséquence immédiate de la loi des patentes, avertit que le droit proportionnel sera également établi et perçu, sans égard aux sacrifices des convenances, aux exigences des propriétaires, aux dépenses d'embellissement, d'outillage et d'ameublement, etc., d'après la valeur réelle des locaux *tels qu'ils seront*, étant occupés par des professions patentables. Ainsi on n'estimera pas les locaux vides, en dehors des améliorations; on ne prendra plus les baux pour régler la base de l'impôt, mais bien tout à la fois la valeur relative du prix des propriétés et la valeur des objets occupant les locaux.

Le 3e § répond à ceux qui prétendraient que mes raisons ne sont pas exactes, par l'art. 2 de la loi du 17 août 1835, dont on conserve le concours.

Le 4e § lève tous les doutes qui pourraient encore exister dans quelques esprits au sujet de la transformation de l'impôt de *répartition* en impôt de *quotité*, puisqu'il vous dit que chaque année il y aura un état de DIMINUTION et d'AUGMENTATION !

L'art. 3 est la conséquence aggravante des deux précédens. Il met le sceau au système de *quotité* dont les deux premiers viennent d'asseoir les bases. Ainsi les portes et les fenêtres sont désormais catégorisées et tarifées uniformément dans les mêmes localités, au lieu d'avoir un contingent fixe, réparti, eu égard à la situation et à l'importance relative des habitations. Ce n'était pas l'équité, l'uniformité relative qu'on voulait atteindre, c'était la faculté d'accroître toujours le chiffre des recettes, de dépenser sans contrôle et de diriger les contribuables qu'on voulait obtenir. Avec le projet converti en loi on aura tout cela.

Qui est-ce qui opérera les diminutions et frappera les augmentations? l'administration qui vous demande d'adopter ses budgets. Oui, l'administration seule, partie prenante et seule intéressée à recevoir beaucoup et à dépenser à son gré, sera juge de l'opportunité de secourir tels départemens au préjudice des autres qu'elle surchargera ; car, messieurs, son chiffre général sera toujours le même. Si vous hésitiez à me croire, je vous supplierais de lire les pages 73 à 202 du budget des recettes de 1845; sa marche future y est clairement indiquée.

Si tout ce que je viens de vous dire, messieurs, ne vous a pas encore émus, peut-être que ce que je vais ajouter vous touchera. Il y a dans le budget des recettes que vous allez certainement voter deux plans capitaux très-habilement conçus, mais encore plus parfaitement dessinés. Le premier doublera au moins l'impôt sans que vous puissiez alors vous y opposer, car vous n'aurez plus qu'A VOIR LA BALANCE ET LES ADDITIONS pour constater leur exactitude. Le second est purement politique ; vous n'aurez plus à solliciter la réforme électorale : il vous l'apporte ! Ce n'est pas une énigme ; c'est une réalité, et voici quels en seront les élémens et les résultats :

« Au moyen de l'excessive faculté de diminuer et d'augmenter tels et tels départemens, l'administration renonce à intervenir dans les luttes électorales, et l'arène devient libre pour toutes les ambitions. Vous n'aurez plus à vous plaindre de manœuvres employées, de corruptions pratiquées, ni de faveurs promises. De leur côté, les députés ne seront plus divisés en sections de centre, de gauche et de droite; ils seront tous les députés des départemens. Il y aura désormais fusion de partis, unité, puissance gouvernementale et majorité constante. Qui produira ce phénomène ? L'impôt. Les contribuables seuls seront alternativement mécontens, mais ils auront intérêt à prouver qu'ils sont satisfaits. En effet, la tactique est presque une merveille et ne peut manquer son but : Députés ministériels, députés fonctionnaires et députés adhérens au système sont acquis au pouvoir ; il n'a pas à se préoccuper de leurs votes ni de leurs localités. Craint-il ceux qu'on appelle députés de l'opposition de gauche ou de droite ? il se les rallie par le budget qui diminue l'impôt de leurs départemens. C'est ainsi qu'il leur impose silence ; car, après tout, que veulent les contribuables d'un département ? une réduction de leurs charges, peu leur importe qui en soit la victime ou sur qui elle retombe ! mais si ces députés ont le malheur de vouloir être *indépendans* et de *faire* de la nationalité, les départemens qui les ont élus, *diminués* cette année, subissent l'année prochaine une *augmentation*, et

« l'on n'oublie pas de proclamer partout, dans les communes, « chez les maires, dans les conseils d'arrondissemens et de « départemens, chez les sous-préfets, à la préfecture, dans « les cercles, etc., que cette augmentation est *l'œuvre* de leurs « députés; alors viennent les élections, et les contribuables « mécontens envoyent des députés *plus soucieux* de leurs « intérêts. C'est de cette manière qu'on *affaiblit* les hommes « et qu'on *obtient* tout ce qu'on peut souhaiter; car enfin, « l'homme même qui aura la conscience de son impossibilité « tiendra encore à la dignité de député, parce qu'il dira : *Moi « plutôt qu'un autre*. C'est la proposition que veut vous faire « pour 1846 le budget des recettes de 1845. Si vous le repous- « sez, craignez les premières élections! si vous l'adoptez, « craignez également les premières élections! d'abord, « parce que l'année qui aura vu une diminution sera presque « inévitablement suivie d'une augmentation; ensuite parce « que vos sentimens politiques, inspirant au pouvoir une « juste défiance, contribueront toujours à vous faire écarter, « est-ce qu'il lui sera possible d'avoir une pleine sécurité avec « vous? Voilà, députés de toutes les oppositions, voilà une « situation doublement difficile, une perspective effrayante! « Comment sortir de là? En repoussant le système du budget « des recettes de 1845, parce que vous aurez comblé un préci- « pice déjà profond et que les électeurs raisonnables, jaloux « de ne payer que ce qu'ils doivent, vous tiendront compte « de vos nobles efforts en vous continuant leur mandat.

« J'avoue, messieurs, que la situation est bien critique. Ef- « fectivement, quel est le député des Bouches-du-Rhône, du « Morbihan, de l'Hérault, de la Haute-Garonne et de tant d'au- « tres départemens arbitrairement *augmentés* ou *diminués*, qui « viendra protester par son vote contre les *nouvelles bases* de « l'impôt? quels sont les députés qui viendront se plaindre de « la *diminution* des charges de leurs départemens? La *dimi- « nution* est un piége, *l'augmentation* en est un autre. » Voulez-vous éviter l'un et l'autre en même temps? maintenez le principe de la **RÉPARTITION**. Avec lui vous serez libres; avec la *quotité* vous ne vous appartiendrez plus, vous serez toujours flottans, et les contribuables seront le hochet des gouvernans.

Avant là discussion de la loi sur les patentes, j'ai eu l'honneur de vous indiquer les dangers que cette loi présentait; dans mon opinion, corroborée de l'opinion du pays, au lieu de faire disparaître ces dangers, vous les avez conservés, étendus, aggravés. Je ne vous demande pas ce qui vous a manqué pour en briser l'existence; la loi est faite, et l'expérience de son application vous convaincra des vérités que vous n'aviez pas comprises.

Si j'avais raison alors, j'ai encore raison aujourd'hui et je viens, messieurs, comme conséquence de tous les faits que j'ai signalés et développés, vous SUPPLIER INSTAMMENT DE PROPOSER à la Chambre :

1o De *rejeter* les articles 1, 2 et 3 du projet de loi de finances de 1845;

2o De *maintenir* la législation antérieure au 17 août 1835 et conformément à la loi du 21 avril 1832, relativement à l'impôt foncier en général;

3o De *déclarer* que l'impôt foncier et des fenêtres affecté aux constructions nouvelles soit appliqué, en déduction du contingent, conformément aux articles 4, 8, 9, 17, 18, 20, 21, 24, 25, 26 et 27 de la loi du 21 avril 1832;

4o De *déclarer*, également, que l'impôt applicable aux constructions détruites ou démolies soit réparti à titre de réimposition au principal du rôle de l'exercice suivant, conformément aux dispositions de la loi du 21 avril 1832;

5o De *décider* que la cote personnelle et mobilière soit répartie conformément à l'article 8 de la loi du 21 avril 1832, au lieu de l'être conformément à l'art. 2 de la loi du 17 août 1835, et à l'art. 2 du projet de loi de finances de 1845, parce que ces deux derniers articles sont l'un et l'autre subversifs de l'impôt direct et destructifs de toute répartition, des droits et des libertés des contribuables;

6o De *rapporter* la loi sur les patentes récemment votée et de dire que la législation en vigueur est entièrement maintenue, à l'exception du mot *réunis*, inséré dans le 2e § de l'article 26 de la loi du 26 mars 1831, remplacé par le mot INDUSTRIELS, parce que cette législation, comprenant la loi du 1er brumaire an 7, est équitable et protectrice de tous les intérêts et de tous les droits;

7o De *déclarer* que le contingent général des quatre contributions directes du royaume est invariable et que les contingents des départemens sont répartis sans subir d'autres fluctuations que celles indiquées aux nos 3 et 4 ci-dessus;

8o De *déclarer* aussi que les sommes réclamées par les ministres, à titre de crédits ordinaires, extraordinaires, supplémentaires ou complémentaires, sont une violation de l'art. 40 de la charte constitutionnelle, puisqu'aucune dépense ne peut être faite sans avoir été préalablement votée à la charge des contribuables; que, dans le cas où il en serait sollicité, ces crédits ne fussent accordés, s'il y avait lieu, que pour l'exercice pendant lequel ils seraient demandés et rattachés à cet exercice en atténuation des dépenses;

9o De *déclarer* enfin que les dépenses sont désormais subordonnées aux recettes, et que dès lors la chambre des députés EXAMINERA le budget des recettes avant celui des dépenses.

Voilà, messieurs, ce que j'ai l'honneur de placer sous vos yeux. Les points que je livre à vos méditations sont très-graves ; ils commandent votre attention. Si vous accueillez ma supplique vous conservez les intérêts et les droits de tous les contribuables ; si vous la repoussez, vous sacrifiez et leurs intérêts et leurs droits. J'ai l'espoir que vous ne voudrez pas que les contribuables soient taillables à merci.

QUENTIN,

ANCIEN RECEVEUR GÉNÉRAL DES FINANCES,

chargé du travail sur la loi des patentes,

42, rue Neuve-des-Mathurins.

Paris, ce 10 mai 1844.

Imprimerie SCHNEIDER et LANGRAND, rue d'Erfurth, 1.

www.ingramcontent.com/pod-product-compliance
Ingram Content Group UK Ltd.
Pitfield, Milton Keynes, MK11 3LW, UK
UKHW020226180726
13838UKWH00005B/2214

9 782329 103327